Prevención de las pérdidas y el desperdicio alimentario. Exigencias a implantar según Ley 1/2025

Antonio Caro Sánchez-Lafuente

**Prevención de las pérdidas y el desperdicio alimentario.
Exigencias a implantar según Ley 1/2025**
© Antonio Caro Sánchez-Lafuente

1ª Edición

© IC Editorial, 2025

Editado por: IC Editorial
c/ Cueva de Viera, 2, Local 3
Centro Negocios CADI
29200 Antequera (Málaga)
Teléfono: 952 70 60 04
Fax: 952 84 55 03
Correo electrónico: iceditorial@iceditorial.com
Internet: www.iceditorial.com

ISBN: 978-84-1184-697-4
Depósito Legal: MA 519-2025

Impresión: PODiPrint
Impreso en Andalucía – España

Nota de la editorial: IC Editorial pertenece a Innovación y Cualificación S. L.

Índice

OBJETIVOS GENERALES

El objetivo general del título **Prevención de las pérdidas y el desperdicio alimentario. Exigencias a implantar según Ley 1/2025** es:

➲ Interpretar la normativa vigente sobre la prevención de las pérdidas y el desperdicio alimentario.

Pautas para cumplir con la Ley 1/2025 de prevención de las pérdidas y el desperdicio alimentario

Contenido

Objetivos

El objetivo general de esta unidad de aprendizaje es:

→ Interpretar la normativa vigente sobre la prevención de las pérdidas y el desperdicio alimentario.

Los objetivos específicos de esta unidad de aprendizaje son:

→ Advertir de las obligaciones de los agentes de la cadena alimentaria en torno a la prevención de las pérdidas y el desperdicio alimentario.

→ Identificar las buenas prácticas que imponer para minimizar las pérdidas y el desperdicio alimentario.

→ Establecer pautas correctas frente a la designación de fechas de consumo preferente.

→ Distinguir las infracciones y sanciones impuestas por normativa frente al desperdicio alimentario.

→ Conocer los principios para el desarrollo de un plan de control del desperdicio y las pérdidas de alimentos.

1. Introducción

El desequilibrio alimentario actual hace necesario plantear iniciativas legislativas que promuevan un aprovechamiento adecuado de los alimentos, ya que, pese a que en la actualidad el volumen de generación de alimentos permite una alimentación global suficiente en cantidad y calidad, estudios dependientes de organismos como la FAO o la ONU manifiestan que existen millones de personas para las cuales el hambre es una amenaza real.

La normativa española (Real Decreto 187/2026, de 11 de marzo, por el que se modifica el Real Decreto 66/2015, de 6 de febrero, por el que se regula el régimen de controles a aplicar por la Agencia de Información y Control Alimentarios, previstos en la Ley 12/2013, de 2 de agosto, de medidas para mejorar el funcionamiento de la cadena alimentaria) sobre desperdicio alimentario refuerza la obligación de implantar planes de prevención, registros de pérdidas y mecanismos de donación de alimentos a lo largo de la cadena alimentaria.

El origen de este deficiente reparto no es único, sino que obedece a distintos principios como el relacionado con la gestión inadecuada de los recursos, que hace que desde la producción inicial se observe un aprovechamiento inadecuado de los alimentos. Además, esta problemática se refleja a lo largo de toda la cadena de producción y transformación, venta e incluso en el aprovechamiento que el consumidor final hace de los productos, por lo que desde organismos gubernamentales ven necesaria una información clara y precisa, siendo una herramienta al respecto la publicación de esta ley, en la que se expondrán de forma clara los principios que se deben cumplir para obtener un mayor aprovechamiento y aplicar una correcta gestión de los recursos.

2. Fundamentos de la Ley 1/2025

La ley de desperdicio alimentario persigue la imposición de un correcto aprovechamiento de los alimentos por parte de todo usuario, sea cual sea el peldaño de la cadena alimentaria en el que se encuentre.

Debe ser una prioridad implantar un uso eficiente de los recursos, es decir, no hacer un uso inadecuado o innecesario del recurso e implantar medidas que eviten que el recurso se desperdicie o tenga un uso inadecuado. Para ello, la imposición requiere del cumplimiento de **principios** tales como:

- **Eficiencia:** llevar a cabo medidas que minimicen las pérdidas y desperdicio de alimentos.
- **Sensibilización:** dar a conocer a los implicados en la cadena alimentaria el correcto aprovechamiento de los alimentos en cualquiera de las etapas (producción, distribución, hostelería...).
- **Donación:** facilitar la gestión de donación asegurando la trazabilidad y seguridad alimentaria.
- **Gestión de excedentes:** priorizar el aprovechamiento de excedentes como alimento para humanos, transformando aquellos productos no vendidos que sigan siendo aptos para el consumo.
- **Investigación:** propiciar la investigación en el ámbito de la prevención y reducción de las pérdidas y el desperdicio de alimentos.
- **Cumplimiento de metas:** cumplir objetivos descritos por otras normas o exigencias relacionadas con la gestión de alimentos.

*El primer aprovechamiento de los alimentos debe estar orientado a su uso
como alimento para humanos*

 IMPORTANTE

Aquellos excedentes que no pueden ser reutilizados o transformados para consumo en humanos deben ser gestionados teniendo presente su valoración como:

- Subproducto para alimentación animal.
- Subproducto en otras industrias.
- Elaboración de compost de calidad u obtención de biocombustibles.

El cumplimiento o persecución de estos fundamentos hace necesario conocer las obligaciones que la normativa plantea, por lo que la **formación** de cada uno de los integrantes de la cadena alimentaria es un pilar fundamental y necesario, que, además de ser contemplado por esta norma, facilita la creación de este contenido, dando a conocer cuál es la nueva realidad en torno a:

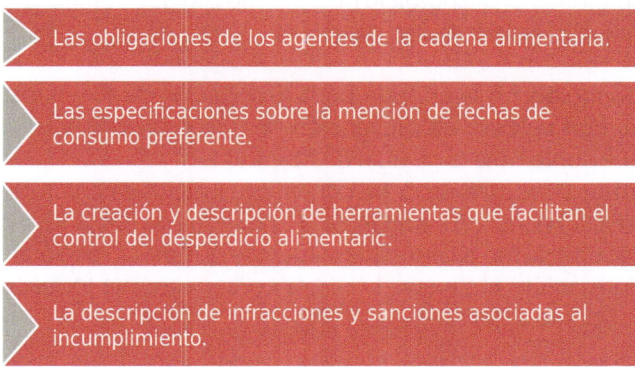

Las obligaciones de los agentes de la cadena alimentaria.

Las especificaciones sobre la mención de fechas de consumo preferente.

La creación y descripción de herramientas que facilitan el control del desperdicio alimentario.

La descripción de infracciones y sanciones asociadas al incumplimiento.

 NOTA

El alimento con mayor valor económico es aquel que no ha tenido una correcta gestión y es desechado.

PARA SABER MÁS

Puedes acceder al último de los informes sobre desperdicio alimentario en España aquí:

https://redirectoronline.com/desperdicio00

3. Obligaciones de los agentes de la cadena alimentaria

De forma general, se indica que la obligación de toda persona o agente relacionado con la gestión de la cadena alimentaria debe orientarse a evitar las pérdidas y el desperdicio de alimentos, lo que implica que sea necesario cumplir con las siguientes **premisas:**

- **Donación:** no se podrá impedir la donación de alimentos. Y se debe contar con un plan de prevención de desperdicio y pérdidas alimentarias que contemple la gestión de donación.
- **Infraestructura:** se debe contar con una infraestructura adecuada que facilite la gestión y minimice las pérdidas de alimentos, garantizando la cadena de frío en aquellos alimentos que así lo requieran.
- **Formación:** el personal deberá contar con una formación adecuada y suficiente sobre:

  - Manipulación de alimentos.
  - Correcto aprovechamiento de insumos.
  - Reducción y prevención de pérdidas y desperdicio alimentario.
  - Uso racional de los recursos e insumos de producción, transformación y comercialización de alimentos.
  - Trazabilidad y gestión del proceso de almacenamiento.

- **Registros:** se debe contar con la descripción de un plan de prevención de pérdidas y desperdicio de alimentos, así como un registro que permita la cuantificación anual de dichas pérdidas y desperdicios.
- **Gestión del almacenamiento:** se debe establecer una fecha mínima para la recepción y gestión de los alimentos a fin de facilitar un seguimiento adecuado de los almacenes y lugares donde se entregan para su comercialización o donan los alimentos, asegurando un uso y distribución correctos.
- **Gestión de productos vencidos:** los productos con fechas de consumo preferente vencidos pueden ser comercializados siempre que:

  - Estén separados del resto del mismo tipo.
  - Estén claramente identificados.

Además de las obligaciones que debe cumplir todo operador económico, es importante indicar que existen especificaciones propias para las empresas de hostelería, las empresas de servicio de alimentos en establecimientos de restauración cautiva, las empresas que venden alimentos al consumidor final y para aquellas empresas de iniciativa social y organización sin ánimo de lucro que gestionan los alimentos de consumo humano donados.

Estas **especificaciones** son las siguientes:

1. **Para establecimientos de hostelería**: tendrán que ofrecer sin coste adicional la posibilidad de retirar los alimentos no consumidos en el establecimiento. Para ello, el establecimiento debe informar al cliente y llevar a cabo el proceso sin coste adicional, usando envases aptos para alimentos, pudiendo ser incluso aportados por el cliente, siempre garantizando la higiene del producto que conservar.

Se debe apostar por el uso de envases de uso alimentario reutilizables, compostables o de fácil reciclado

2. **Para el servicio de alimentos en establecimientos de restauración cautiva:** instituciones como comedores escolares, centros sanitarios o residencias geriátricas con servicio de comidas deben contar con un programa de prevención y reducción de pérdidas y desperdicio de alimentos.

La gestión de alimentos en este tipo de establecimientos debe asegurar una correcta adaptación al público al que se dirige a fin de minimizar el desperdicio alimentario

3. **Para empresas que venden alimentos al consumidor final:** además de contar con un programa de prevención y reducción de pérdidas y desperdicio de alimentos, los establecimientos deben promover la venta de aquellos productos con fecha de caducidad o de consumo preferente próxima.
   Además, y siempre que el establecimiento cuente con más de 400 m2, también deberán contemplarse las siguientes acciones:

   - Implantar una línea de venta de productos, imperfectos, poco estéticos o feos.
   - Fomentar la venta de productos de temporada, proximidad, ecológicos y ambientalmente sostenibles.
   - Fomentar la venta de productos a granel.
   - Informar sobre el correcto aprovechamiento de los alimentos.

Se debe fomentar la venta de productos a granel, de temporada y de cercanía

4. **Para empresas de iniciativa social y organizaciones sin ánimo de lucro que gestionan los alimentos de consumo humano donados:** además de implantar los protocolos necesarios para asegurar la higiene de los productos, se especifica como necesario:

   ☋ Asegurar la trazabilidad de los productos gestionados.
   ☋ Aplicar unas prácticas correctas de higiene en los procesos de manipulación y conservación.
   ☋ Gestionar la distribución de los alimentos sin discriminación y velando por el respeto a los derechos humanos.

Todo producto gestionado debe asegurar su trazabilidad, así como presentar unas características organolépticas e higiénico-sanitarias adecuadas (© Fotografía: RVillalon / Shutterstock.com)

4. Fechas de consumo preferente

En la actualidad, la normativa vigente indica que, en caso de que un producto tenga que presentar una fecha de consumo, se pueda diferenciar entre los siguientes términos: fecha de caducidad y fecha de consumo preferente. Su uso queda determinado y viene definido por normativa, indicándose:

- ⮑ **Consumo preferente:** representa la fecha de consumo que asegura que el alimento conserva la calidad prevista. No obstante, vencida la fecha el producto, sigue siendo seguro para consumo, aunque puede ver mermadas sus características organolépticas. Su uso suele estar relacionado con el marcado de productos no perecederos o semiperecederos, como pastas, arroces, aceites, productos congelados, etc.
- ⮑ **Caducidad:** representa la fecha de consumo que no se debe traspasar, ya que el alimento puede que no sea seguro para su consumo. Este tipo de designación se orienta para el marcado de productos perecederos, con fechas de consumo muy cortas, como son las carnes frescas, pescados y mariscos.

 **VÍDEO**

Puedes ver un vídeo en el que se explican las diferencias entre fecha de consumo preferente y fecha de caducidad accediendo aquí:

https://redirectoronline.com/desperdicio01

APLICACIÓN PRÁCTICA

Como distribuidor de alimentos para consumo humano, debes fijar el marcado de la fecha de caducidad y fecha de consumo preferente en algunos de los productos gestionados.

Estas dudando entre tomar alguna de las siguientes decisiones:

- Una partida de pescado fresco lo marcas con fecha de consumo preferente.
- Las pastas y arroces no los marcas con fecha de consumo preferente, ya que se trata de un producto no perecedero.
- Debido a las características de la carne fresca, optas por marcar cada una de las piezas y lotes con una fecha de caducidad determinada.

Identifica con cuál o cuáles de las posibles decisiones, estarías actuando de forma correcta frente a las necesidades de fechado.

Solución

La decisión correcta sería optar por marcar cada una de las piezas y lotes con una fecha de caducidad determinada.

La fecha de consumo preferente se orienta para el marcado de productos no perecederos o semiperecederos como pastas, arroces, aceites, etc. En cambio, productos como la carne o el pescado fresco, dado su corto período de vida, deben ser marcados con una fecha de caducidad determinada.

Ten presente que lo que sí indica la normativa es que la imposición de la fecha de consumo preferente debe ser determinada con el máximo rigor a fin de minimizar las pérdidas asociadas a dicho marcado. Además, recuerda que los productos marcados con dicha fecha que presenten un período de fecha vencido pueden ser utilizados y comercializados siempre que se garantice un proceso correcto.

Es importante destacar y recordar que un producto que presente una fecha de consumo preferente vencida no indica que dicho producto esté en mal estado; por ello, la normativa establece como correctas las siguientes **medidas:**

Presentación del producto vencido por fecha de consumo preferente

- En cumplimiento de esta normativa, es posible presentar productos con la fecha de consumo preferente vencida siempre que se identifiquen y advierta de ello, y que se cumplan las propuestas legislativas vigentes.

Uso del producto vencido por fecha de consumo preferente

- Será posible el uso de productos agrarios y alimentarios que hayan sobrepasado la fecha de consumo preferente siempre que su uso no suponga un riesgo y cumpla con los principios impuestos por normativa.

 **NOTA**

Atendiendo a las exigencias de esta ley, desde la Administración se fomentarán las acciones formativas y divulgativas para:

- Interpretar de forma correcta las fechas de caducidad y consumo preferente.
- Ajustar las fechas de consumo preferente hasta el máximo, siempre garantizando la calidad del producto.
- Fomentar la búsqueda de medidas para alargar la vida útil del producto.
- Facilitar la optimización de los procesos productivos y de mejora de almacenamiento y logística a fin de evitar o minimizar el desperdicio.

 ACTIVIDAD COMPLEMENTARIA

1. Dada la diferencia entre la designación facilitada para la indicación de la fecha en los alimentos, busca información en fuentes externas sobre su uso correcto con base en el tipo de producto que representa.

---

5. Instrumentos para el fomento y control de las pérdidas y el desperdicio alimentario

Minimizar la pérdida y el desperdicio alimentario requiere de la implantación de protocolos específicos, siendo representativo el denominado como **Plan Nacional de Control de las Pérdidas y el Desperdicio Alimentario.**

No obstante, las peculiaridades de gestión específicas de algunas empresas o productos hacen que dicho plan requiera de la implantación de planes únicos, que pueden obedecer a iniciativas de los propios agentes de la cadena alimentaria, así como contemplar las estrategias facilitadas desde organismos gubernamentales, tanto a nivel estatal como autonómico y local.

Ten presente que una correcta gestión y aprovechamiento de insumos no solo repercutirá en **beneficios económicos** para las empresas u organismos, evitando pérdidas asociadas a la productividad, costes de insumos o necesidades de retirada y destrucción, sino que también incidirá de forma directa en las necesidades de **gestión social, impacto ambiental y cumplimiento legal.**

Para la creación de dichos planes, es necesario tener presentes los siguientes **principios,** todos ellos dictados por normativa:

1. **Contenido:** todo plan debe incluir la descripción de los objetivos generales, así como las tareas que llevar a cabo.
   Dichas tareas se fundamentarán sobre informes previos de los procesos productivos, permitiendo identificar las pérdidas de alimentos, así como las medidas que imponer para minimizarlas.
   Además, todo plan debe describir la jerarquía de uso de los excedentes. Recuerda que se indica como correcto con base en la normativa vigente el siguiente orden:

   - Donación para consumo humano.
   - Transformación en productos alternativos dirigidos al consumo humano.
   - Aprovechamiento como alimentación animal y fabricación de piensos.
   - Uso como subproducto en otra industria.
   - Para la obtención de compost y generación de biogás o combustible.

2. **Obligatoriedad:** será obligatorio para todos los agentes de la cadena alimentaria disponer de un plan de prevención de pérdidas y desperdicio alimentario.

3. **Revisión:** será necesario implantar al menos cada cuatro años la revisión y evaluación de los planes y programas frente a las pérdidas y desperdicio alimentario.
4. **Autoría:** el plan o planes podrán ser desarrollados tanto por la Administración pública como por entes privados, existiendo a nivel nacional el denominado como Plan Nacional de Control de las Pérdidas y el Desperdicio Alimentario.

El desarrollo de estos planes puede ser propio de una entidad, así como ser llevado a cabo a nivel local y autonómico, teniendo siempre presente su conformidad y coordinación con el plan nacional.

5.1. Guía para el desarrollo de un plan de control del desperdicio y las pérdidas de alimentos

La necesidad de dar cumplimiento a las exigencias legales hace necesario que todo establecimiento tenga implantado un plan para minimizar e incluso evitar el desperdicio y la pérdida de alimentos. Dicho plan puede estar basado en modelos estándar facilitados por la Administración; no obstante, es posible que las necesidades de adaptación hacia procesos propios y específicos requieran del desarrollo de un plan propio, siendo las **pautas que considerar** para su desarrollo las siguientes:

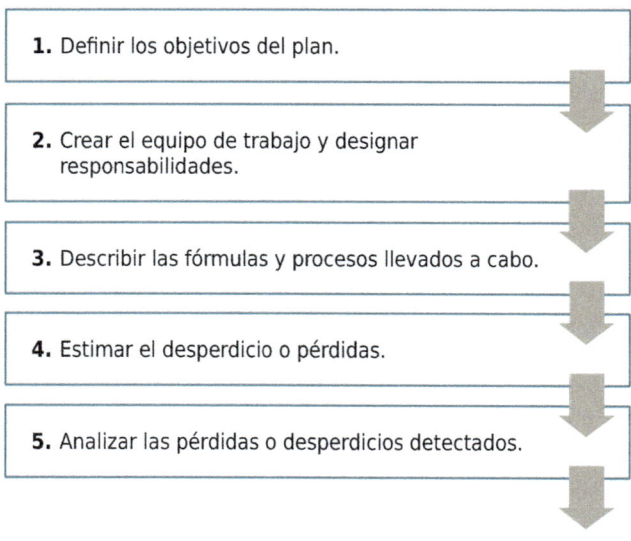

1. Definir los objetivos del plan.

2. Crear el equipo de trabajo y designar responsabilidades.

3. Describir las fórmulas y procesos llevados a cabo.

4. Estimar el desperdicio o pérdidas.

5. Analizar las pérdidas o desperdicios detectados.

Continúa en página siguiente >>

<< Viene de página anterior

6. Indicar las medidas de acción frente a la pérdida y el desperdicio alimentario detectado.

7. Formar al personal sobre la prevención y las acciones que imponer para la prevención de las pérdidas y el desperdicio alimentario.

8. Crear registro documental del plan.

9. Diseñar un sistema de comunicación.

10. Revisar y en caso necesario actualizar el plan.

PARA SABER MÁS

Podrás observar la descripción de cómo llevar a cabo un plan de prevención de pérdidas y desperdicio alimentario accediendo aquí:

https://redirectoronline.com/desperdicio03

5.2. Elementos de control y seguimiento frente a las necesidades de prevención y reducción de pérdidas y desperdicio alimentario

Además del seguimiento del plan de prevención y reducción de las pérdidas y el desperdicio alimentario, es necesario el desarrollo de elementos de control y seguimiento de dichas pérdidas para así facilitar su control y registro.

En la actualidad, para facilitar dichas necesidades de gestión, es posible contar con herramientas electrónicas, tanto de iniciativa pública como privada, que permiten un registro y análisis eficaz, complementadas, a su vez, por planes de formación que propician un mayor aprovechamiento de los recursos y, por tanto, permiten minimizar las mermas de insumos.

 **EJEMPLO**

Puedes observar herramientas de ayuda para minimizar el desperdicio y las pérdidas de alimentos accediendo aquí:

https://redirectoronline.com/desperdicio02

6. Infracciones y sanciones

Para significar el carácter e importancia de esta ley, el último de sus capítulos se centra en la descripción del régimen sancionador que se impondrá frente a su incumplimiento.

Dicho régimen sancionador presenta las infracciones y sanciones que imponer con carácter general, considerando, a su vez, lo que puedan dictar e imponer las distintas normas autonómicas.

De forma general y atendiendo de forma exclusiva a lo dictado por esta normativa, es posible diferenciar entre infracción y sanción. Se describen a continuación cada una de las premisas que condicionan su tipificación.

6.1. Infracciones

La primera de las clasificaciones a las que hace referencia este proyecto de ley en torno al régimen sancionador se centra en la tipificación de las posibles **infracciones** con base en su **gravedad,** diferenciando entre leves, graves y muy graves.

La descripción en cada caso se establecerá al menos teniendo presentes los siguientes principios, sin olvidar que cada comunidad autónoma puede incluir indicaciones propias:

- **Infracciones leves:** las infracciones leves se relacionan con las siguientes acciones o procesos:

  - No cumplir con la jerarquía de prioridades en los alimentos que así lo requieran.
  - Impedir expresamente mediante estipulación contractual la donación de alimentos.
  - Aun contando con dicho plan, no cumplir con el seguimiento que requiere (cuantificar pérdidas y desperdicios o no informar a los agentes que lo soliciten).
  - En los casos que así lo requieran (empresas y entidades de iniciativa social y otras organizaciones sin ánimo de lucro), no contar con los mecanismos necesarios para donar los excedentes a las personas desfavorecidas ni contar con un sistema de trazabilidad correcto, es decir, que permita identificar las entradas y salidas de los alimentos recibidos y entregados.

- **Infracciones graves:** las infracciones tipificadas como graves se relacionan con las siguientes acciones o procesos:

  - No contar con el plan de prevención de pérdidas y desperdicios indicado por normativa.
  - Destruir o alterar los alimentos que reúnen condiciones adecuadas para su consumo.
  - Reincidencia (en un plazo de dos años) en cualquiera de las acciones tipificadas como leves.
  - No aplicar las prácticas correctas de higiene en los procesos de conservación y manipulación de los alimentos.

    ◑ Discriminar en el proceso de reparto de alimentos a las personas, ya sea por motivos étnicos, sociales, administrativos, por edad, género u orientación sexual, o por cualquier otra condición personal o social.

◑ **Infracciones muy graves:** las infracciones tipificadas como muy graves se relacionan con las siguientes acciones o procesos:

    ◑ Reincidencia (en un plazo de dos años) en cualquiera de las acciones tipificadas como graves.

6.2. Sanciones

Las **sanciones** indicadas según normativa se establecen con base en la **tipificación de la gravedad de la infracción.** Así, es posible diferenciar las siguientes cuantías:

Sanción para infracción leve
- Apercibimiento o multa de hasta 2.000€.

Sanción para infracción grave
- Multa de entre 2.001 y 60.000 €.

Sanción para infracción muy grave
- Multa de entre 60.001 y 500.000 €.

 **TAREA 1**

Como agente de la cadena alimentaria y, en concreto, como integrante de un restaurante, necesitas llevar a cabo el desarrollo de un plan de control del desperdicio y las pérdidas de alimentos a fin de cumplir la normativa vigente. Para ello, adquieres un ejemplar de los dispuestos por la Administración a fin de evitar cualquier error.

¿Has actuado de forma adecuada?

Justifica tu respuesta.

7. Resumen

Datos estadísticos oficiales y distintos análisis llevados a cabo por entidades públicas y privadas hacen ver que el aprovechamiento que hasta ahora se observa en la gestión de toda la cadena alimentaria no es suficiente y eficaz, determinándose un alto porcentaje de desperdicio y pérdidas de alimentos, lo que hace necesario la imposición de la Ley 1/2025 de prevención de las pérdidas y el desperdicio alimentario.

Dicha normativa presenta veintitrés artículos en los que se presentan las obligaciones que todo agente de la cadena alimentaria debe cumplir, así como las medidas desarrolladas para su control, y donde se destaca el desarrollo por parte de la Administración del denominado Plan Nacional de Control de las Pérdidas y el Desperdicio Alimentario.

Ten presente que, desde la entrada en vigor de esta ley, toda empresa en la que se gestionen alimentos debe desarrollar y tener implantado un plan de prevención de desperdicio y pérdidas alimentarias que incluya, entre otras, la descripción de los siguientes aspectos:

Gestión de la donación	Cuantificación anual de pérdidas y desperdicios

Para la implantación de esta normativa es importante formar al personal en la correcta manipulación y aprovechamiento de alimentos, el uso racional de recursos y la gestión de la trazabilidad, suponiendo, además, el conocimiento necesario para la gestión e implantación del plan de prevención de desperdicio y pérdidas alimentarias.

La Ley 1/2025 indica como permitido el uso y puesta a la venta de productos cuyo etiquetado o marcado muestre una fecha de consumo preferente vencida, haciendo saber que:

> El producto no supondrá riesgo alguno para el consumidor.

> El consumidor tenga constancia de dicho vencimiento.

Para ello, la gestión hace necesario contar con instrumentos como el Plan Nacional de Control de las Pérdidas y el Desperdicio Alimentario, y la implantación de dicho plan o su adaptación con base en las necesidades propias del operador, teniendo como principios o pautas para su desarrollo las siguientes:

1. Definir los objetivos del plan.
2. Crear el equipo de trabajo y designar responsabilidades.
3. Describir las fórmulas y procesos llevados a cabo.
4. Estimar el desperdicio o pérdidas.
5. Analizar las pérdidas o desperdicios detectados.
6. Indicar las medidas de acción frente a la pérdida y el desperdicio alimentario detectado.
7. Formar al personal sobre la prevención y las acciones que imponer para la prevención de las pérdidas y el desperdicio alimentario.
8. Crear registro documental del plan.
9. Diseñar un sistema de comunicación.
10. Revisar y en caso necesario actualizar el plan.

Finalmente, la normativa determina una serie de infracciones, a las que además se les atribuyen sanciones específicas, que van desde el apercibimiento o multa de hasta seis mil euros para las infracciones leves, y de hasta quinientos mil euros para las muy graves.

Ejercicios de autoevaluación
Unidad de Aprendizaje 1

1. La Ley 1/2025 de prevención de las pérdidas y el desperdicio alimentario...

    a. ... debe ser tenida en cuenta por todos los agentes de la cadena alimentaria.

    b. ... afectará solo a aquellas empresas que gestionen un volumen de alimentos superior a las cuarenta toneladas/año.

    c. ... está dirigida al consumidor, no viéndose implicadas las empresas distribuidoras.

    d. Todas las opciones son incorrectas.

2. El desarrollo de la ley presentada persigue...

    a. ... mayor eficiencia frente a las pérdidas y desperdicio de alimentos.

    b. ... facilitar la gestión asociada a la donación de alimentos.

    c. ... propiciar la investigación en el ámbito de la prevención y reducción de las pérdidas y el desperdicio de alimentos.

    d. Todas las opciones son correctas.

3. Frente a la gestión de los productos vencidos en relación con su fecha de consumo preferente, se indica como correcto que...

    a. ... sean eliminados como primera opción, no debiendo ser comercializados.

    b. ... su comercialización se lleve a cabo siempre que estén separados del resto del mismo tipo y estén claramente identificados.

    c. ... sean sometidos previamente a una fuente de calor, asegurando la eliminación de cualquier tipo de riesgo microbiológico.

    d. Todas las opciones son incorrectas.

4. En torno a la jerarquía de uso de los excedentes, se tiene como primera opción:

    a. Donación para consumo humano.

    b. Transformación en productos alternativos dirigidos al consumo humano.

    c. Aprovechamiento como alimento animal.

    d. Uso como subproducto en otra industria.

5. Se identifica como infracción leve según la Ley 1/2025:

    a. Impedir mediante acuerdos contractuales la donación de alimentos.

    b. No cumplir con la jerarquía de prioridades en los alimentos que así lo requieran.

    c. No aplicar las prácticas correctas de higiene en los procesos de conservación y manipulación de los alimentos.

    d. Discriminar en el proceso de reparto de alimentos a las personas.

Glosario

Agente de la cadena alimentaria
Todo operador del sector primario, incluyendo cooperativas y demás entidades asociativas, entidades o empresas de elaboración, fabricación o distribución de alimentos, comercios al por menor, empresas del sector de la hostelería o la restauración y otros proveedores de servicios alimentarios, entidades de iniciativa social y otras organizaciones sin ánimo de lucro que prestan servicios de distribución para la donación de alimentos, y las Administraciones públicas.

Alimento o producto alimenticio
Cualquier sustancia o producto destinado a ser ingerido por el ser humano o con probabilidad razonable de serlo, tanto si han sido transformados entera o parcialmente como si no.

Desperdicio alimentario
La parte de los alimentos destinada a ser ingerida por el ser humano y que termina desechada como residuo.

Fecha de caducidad
Fecha de consumo que no se debe traspasar, ya que el alimento puede que no sea seguro en su consumo.

Fecha de consumo preferente
Fecha de consumo que asegura que el alimento conserva la calidad prevista hasta el marcado indicado. No obstante, vencida la fecha, el producto sigue siendo seguro para consumo, aunque puede ver mermadas sus características organolépticas.

Insumo
Conjunto de elementos que toman parte en la producción de otros bienes.

Pérdidas de alimento
Se trata de aquellos productos (agrarios y alimentarios) que quedan en la propia explotación, utilizados para ser reincorporados al suelo o utilizados

para realizar compost *in situ* y cuyo destino final hubiera sido la alimentación humana.

Restauración cautiva

Se trata de servicios de restauración enclavados en empresas de salud (hospitales, clínicas o geriátricos), centros de enseñanza (colegios, institutos u otros centros de enseñanza) o empresas institucionales (fuerzas armadas, reclusos, funcionarios).

Tipificar

En la legislación penal o sancionatoria, definir una acción u omisión concretas, a las que se asigna una pena o sanción.

Trazabilidad

Posibilidad de identificar el origen y las diferentes etapas de un proceso de producción y distribución de bienes de consumo.

Uso eficiente

Aplicación de métodos que garantizan un mismo resultado con un menor consumo, o, a igual consumo, mejores resultados.

Bibliografía

Monografías

→ AA. VV.: *Manipulador de alimentos de alto riesgo.* Antequera: IC Editorial, 2021.

Este manual facilita información sobre las pautas adecuadas de higiene y sanidad alimentaria en manipulación de al mentos. Da a conocer los factores que contribuyen al crecimiento bacteriaro, la indumentaria de trabajo, la legislación sobre manipulación y etiquetado de los alimentos, la aplicación del sistema de autocontrol denominado sistema de análisis de peligros y puntos de control críticos, la aplicación de una correcta limpieza y desinfección, etc.

→ AA. VV.: *Manipulador de alimentos. Sector restauración. FCOM01.* Antequera: IC Editorial, 2019.

Este manual presenta las pautas que todo manipulador de alimentos perteneciente al sector de la restauración debe conocer e implantar. Describe los conceptos de calidad alimentaria, las alteraciones de los alimentos, las características que deben cumplir las instalaciones y locales, el correcto etiquetado de los productos y sus necesidades de conservación. Describe el plan APPCC, y presenta las guías de prácticas correctas de higiene (GPCH).

Textos electrónicos, bases de datos y programas informáticos

→ Agenda 2030. Objetivos de desarrollo sostenible, de: <https://www.un.org/sustainabledevelopment/es/objetivos-de-desarrollo-sostenible/>.

Página de las Naciones Unidas en la que se muestran los objetivos de desarrollo sostenible indicados para perseguir los objetivos marcados por la Agenda 2030.

→ Código de conducta voluntario para la reducción de las pérdidas y el desperdicio de alimentos, de: <https://www.fao.org/3/cb9433es/cb9433es.pdf>.

Página de la FAO en la que se facilita el enlace al código de conducta voluntario para la reducción de las pérdidas y el desperdicio de alimentos.

→ Ministerio de Agricultura, Pesca y Alimentación (MAPA), de: <https://www.mapa.gob.es/es/alimentacion/temas/desperdicio/>.

> Página del Ministerio de Agricultura, Pesca y Alimentación en la que se presentan distintos datos sobre el desperdicio alimentario, así como el informe completo sobre el desperdicio alimentario en España para 2021.

→ Ministerio de Consumo, de:< https://www.aesan.gob.es/AECOSAN/web/ para_el_consumidor/ampliacion/desperdicios.htm>.

> Página del Ministerio de Consumo en la que se muestran algunas de las bases para minimizar el desperdicio alimentario.

→ Agencia Española de Seguridad Alimentaria y Nutrición (AESAN), de: https://www.aesan.gob.es/AECOSAN/web/home/aecosan_inicio.htm

> Página del Ministerio de Consumo en la que se facilita información para promover la seguridad alimentaria y la nutrición saludable.

Legislación y normativa

→ Decisión Delegada (UE) 2019/1597 de la Comisión de 3 de mayo de 2019 por la que se complementa la Directiva 2008/98/CE del Parlamento Europeo y del Consejo en lo que concierne a una metodología común y a los requisitos mínimos de calidad para la medición uniforme de los residuos alimentarios.

> Normativa en la que se presenta las medidas a tomar frente a las cantidades de residuos alimentarios y su clasificación en las diferentes fases de la cadena alimentaria.

→ Ley 1/2025, de 1 de abril, de prevención de las pérdidas y el desperdicio alimentario.

> Esta ley presenta las medidas a tomar para contribuir con la prevención y reducción de las pérdidas y el desperdicio de alimentos por parte de todos los agentes de la cadena alimentaria.

→ Real Decreto 1945/1983, de 22 de junio, por el que se regulan las infracciones y sanciones en materia de defensa del consumidor y de la producción agroalimentaria.

> Esta normativa da a conocer las infracciones y sanciones en materia de defensa del consumidor y de la producción agroalimentaria.

→ Reglamento (CE) n.º 1935/2004 del Parlamento Europeo y del Consejo, de 27 de octubre de 2004, sobre los materiales y objetos destinados a entrar en contacto con alimentos y por el que se derogan las Directivas 80/590/CEE y 89/109/CEE.

> Este reglamento tiene como finalidad garantizar el funcionamiento efectivo del mercado interior en relación a la comercialización de los materiales y objetos destinados a entrar en contacto directo o indirecto con alimentos.

→ Reglamento (CE) n.º 852/2004 del Parlamento Europeo y del Consejo, de 29 de abril de 2004, relativo a la higiene de los productos alimenticios.

> Este reglamento establece las normas generales destinadas a los operadores de empresa alimentaria en materia de higiene de los productos alimenticios.